CB140124

O LIVRO DO PASTOR

Descoberto por
Joann Davis

Ilustrado por
Sudi McCollum

O LIVRO DO PASTOR

A história de uma simples prece e como ela mudou o mundo

Segundo fiel registro do Escriba

Tradução de Alice Klesck

Rocco

Título original
THE BOOK OF THE SHEPHERD
The Story of one Simple Prayer,
and How it Changed the World

"Edição brasileira publicada mediante acordo com HarperCollins Publishers"

Ilustrações: Sudi McCollum

Direitos para a língua portuguesa reservados com exclusividade para o Brasil à
EDITORA ROCCO LTDA.
Av. Presidente Wilson, 231 – 8º andar
20030-021 – Rio de Janeiro – RJ
Tel.: (21) 3525-2000 – Fax: (21) 3525-2001
rocco@rocco.com.br / www.rocco.com.br

Printed in Brazil/Impresso no Brasil

Preparação de originais: Michelle G. MacCulloch

CIP-Brasil. Catalogação na fonte.
Sindicato Nacional dos Editores de Livros, RJ.

D293L Davis, Joann, 1953-
O livro do pastor: a história de uma simples prece e como ela mudou o mundo / Joann Davis; tradução de Alice Klesck. – Rio de Janeiro: Rocco, 2009.

Tradução de: The book of the shepherd: the story of one simple prayer, and how it changed the world

ISBN 978-85-325-2474-4

1. Fábula norte-americana. I. Título II. Klesck, Alice.

09-3633 CDD-813
CDU-821.111(73)-3

Para os destemidamente generosos
e implacavelmente gentis

Para Kenny, Jenny e Colin

Sumário

Nota da editora ao leitor 11
A Lei tem de ser respeitada 17
Uma pequena voz 25
Leve como uma pena 29
O mapa do tesouro 35
Começando a jornada 43
A fábula do pastor 46
A fábula de Elizabeth 49
A fábula do contador de histórias 55
A fábula de Kulfi, o Encantador de Serpentes 58
O soldado relutante 63
Uma bolsa de seda de uma orelha de porco 71
Ver é crer 79
A fábula do cego 84
A serviçal sábia 87
Recompensa e punição 95
A dádiva de um espinho rasteiro 99

Criando pombos *107*
Adentrando *113*
A hora de agir *119*
A aventura de um menininho *125*
Das profundezas, eu clamo por ti *129*
Uma nova lei *135*
A fábula do peixe *141*
A Lei da Substituição *145*
Os monges misteriosos *149*
Invertendo a balança *159*
Conhecendo "o Tal" *163*
Mensagem na garrafa *167*
A prece *173*

Epílogo *177*
Fontes *179*
Agradecimentos *181*

Nota da editora ao leitor

As circunstâncias que cercam *O livro do pastor* são raras – até misteriosas. Tudo começou em 2007, quando comprei um antigo sítio, em Dorset, Vermont, do catedrático Orlando Roberts, um renomado professor que lecionava na Faculdade de Bennington. O professor, um homem solteiro, viveu no local, sozinho, por quase cinquenta anos. Ao assinar o contrato de compra, fiquei sabendo que ele não tinha herdeiros e que determinara que o conteúdo de sua casa se tornasse propriedade de quem a comprasse.

Para ser honesta, eu não fazia a menor ideia de onde estava me metendo. Na linguagem eufemística do mercado imobiliário, o local precisava de alguns reparos. Na realidade, a casa estava em ruínas. Repleta de torneiras gotejando e portas rangendo, funcionava também como esconderijo de pastas, baús, livros e portfólios espalhados por quase todos os cômodos. Somente a limpeza do escritório do professor parecia uma tarefa que levaria vários dias.

Foi no escritório que eu o encontrei. Encadernado em papel de velino, o livro tinha impressa a imagem de um pastor. Mais tarde, descobri que o texto havia sido escrito em um híbrido incomum de inglês médio e holandês. No meio das páginas havia uma folha de papel timbrado do professor Roberts contendo as palavras "Comprado na Livraria Old Barn, Route 7. Precisa ser traduzido".

O bilhete estava datado de 25 de dezembro de 2007, uma data dolorosa para todo o vilarejo histórico de Dorset, pois acabou sendo o dia em que o seu vizinho de longa data, o "Velho Orly", morreu, junto à sua escrivaninha, poeticamente curvado sobre uma pilha de cartões de Natal, diante da lareira. O coração do Velho Orly, conhecido por sua ternura e generosidade, simplesmente parara.

Desnecessário dizer que fiquei estarrecida, intrigada – e incumbida de cumprir o que o professor Roberts pretendera. Certificando-me de uma tradução de especialistas de algumas das melhores universidades, passei um ano preparando este original para a publicação.

Se valeu a pena? Cabe ao leitor decidir.

– JOANN DAVIS
Dorset, Vermont, 2008

O livro do pastor

A Lei tem de ser respeitada

Ele era um menino pequeno, com um coração tão meigo e inocente quanto um carneirinho. Era um bom menino, que fazia suas preces e respeitava os mais velhos. Mas nesse dia, ele era um menino amedrontado, prestes a sentir a dor do golpe de uma vareta por trás de suas pernas.

– Por favor, pai – o garoto gritava –, tenha piedade de mim.

Mas o homem estava zangado. Havia pedido ao garoto que se levantasse ao raiar do dia para abastecer a banca do mercado com frutas e legumes frescos. O menino estava ansioso para honrar os desejos do pai, mas dormira demais. Agora, o mercado fervilhava de clientes e não havia comida.

– Não tem azeitonas nem figos? – perguntou uma mulher perplexa, com um cesto nas costas. – Nada de passas ou mel? Isso é uma piada!

O comerciante tentou tranquilizar a mulher, dizendo-lhe que voltasse mais tarde para obter doces delícias aos menores preços. Mas quando ela esvaziou sua bolsa de moedas na banca de um concorrente, o mercador explodiu.

– Seu garoto preguiçoso – disse ele, agarrando o filho pelo pescoço e esganando-o. – Você tira o pão da minha boca. Agora preciso lhe ensinar uma lição, da qual jamais se esquecerá.

Conforme o sol quente subia, o mercado ganhava vida. Os tecelões negociavam com seus fregueses. Os oleiros giravam seus tornos. E amigas caminhavam de braços dados pelos corredores do mercado, rindo e conversando.

Mas não havia alegria alguma para o mercador – apenas uma ira cega – quando pegou uma vareta, geralmente usada em uma mula relutante, da traseira de sua carroça.

– Seu garoto imbecil – ele gritou, conforme se preparava para bater. – Minhas ordens têm de ser obedecidas.

Como uma tempestade que ganha força em alto-mar, o ódio do homem se tornou incontrolável. Explodindo violentamente, lançou o menino ao chão, machucando-o e batendo nele. A criança rolou, tentando fugir da vareta, mas ela continuava a açoitar seu corpo, em uma implacável rajada de golpes.

O tumulto sacudiu o mercado ainda sonolento, feito um galo mal-educado. O público apático ficou logo atiçado, e muitos começaram a correr para a banca de comida, onde o menino apanhava. Alguns gritavam:

– Bata no garoto! Faça-o pagar!

Em meio à multidão, somente uma pessoa parecia pensar na criança.

Um pastor que estava no mercado dando água da fonte às suas ovelhas e largara tudo, apressando-se até a cena, quando ouviu algo que parecia ser uma criança chorando. Deixara os animais sozinhos, no meio do caminho, para ir ajudar.

Mas, no trajeto, o pastor ficou encurralado em meio à multidão, demorando-se por conta dos arruaceiros, dos espectadores zombeteiros e dos curiosos. À medida que tentava abrir caminho a cotoveladas, passando pela massa de corpos suados, ouviu um ancião mencionando a lei de infração filial, ao dizer:

– Ai da criança que desobedece a seu pai.

Quando o pastor finalmente conseguiu passar, viu algo que não gostaria nem de imaginar. O menino estava embaixo do comerciante, no chão sujo. Ainda vigoroso, ainda no seu encalço, o homem continuava a bater, enquanto a multidão impetuosa professava seu desejo de sangue.

– Surre-o! – alguém gritou. – Surre-o!

O garoto fazia uma careta – contorcendo-se e tentando fugir –, mas não havia como escapar da vareta cruel. Chicoteando o ar, açoitando, a vareta batia na pele tenra do menino, da mesma forma como o arbusto espinhoso fazia frequentemente com as ovelhas que pulavam pelo deserto.

O primeiro impulso do pastor foi interromper aquela insanidade, tomar a frente para defender o menino. Queria arrancar a vareta da mão do mercador e parar de vez com aquela crueldade. Mas hesitou, questionando-se, perguntando qual era a sua opinião acerca do que via. A lei não permitia medidas severas? O que os mais velhos diriam?

Os pensamentos relampeavam por sua mente como raios intensos no céu tórrido de verão.

Então, foi sacudido de seu torpor, ao ouvir o garoto gritar:

– Piedade, pai. – Um grito que perfurou tanto o ar quanto o coração do pastor. Então, ele soube.

Ninguém tinha o direito de causar tal sofrimento a esse menino.

Lei alguma permitia que essa dor fosse imposta.

Compondo-se, o pastor irrompeu em meio à multidão, indo na defesa do garoto.

Mas era tarde demais. O comerciante largara a vareta de repente. Simplesmente se cansara de bater no menino. Acalorado e esgotado, soltou a vara e foi beber água.

A aglomeração, desapontada porque o tumulto terminara, foi lentamente se dispersando. Apressando-se à frente, o pastor foi ajudar o menino, que ainda estava no chão. Mordendo o lábio, relutando contra as lágrimas, o garoto tentava ser forte como o pai lhe ensinara. Corajosamente se recompondo, ficou de pé e aceitou um gole de água do cantil do pastor, antes de deixar que o bom homem cuidasse de seus cortes e vergões. Muito pouco foi dito por ambos, mas muito foi compartilhado por eles antes que o garoto seguisse seu caminho.

Naquela noite, quando o mercador fazia pão, seu irmão perguntou sobre seu dia.

– O mesmo de sempre – disse o homem. – Nada diferente de qualquer outro dia.

Uma pequena voz

Apedreje o construtor que erguer uma casa que caia sobre seus ocupantes. Decepe as mãos do criminoso que furtar da granja, rebanho ou grãos do celeiro alheio. Surre a criança que desafiar um idoso. Pois essa é a lei e a lei tem de ser obedecida.

Ao longo de gerações, essas regras rígidas governaram o povo. Ninguém questionava se era certo humilhar uma criança ou executar um assassino. Olho por olho era a lógica do mundo.

Mas havia algum outro caminho?

O pastor se perguntava. Enquanto permanecia ali, esticado, em um campo aberto, sob um manto de estrelas cintilantes, ele repassava seu dia. Havia começado em uma cidade próxima, onde um fazendeiro fora apedrejado por vender uma vaca doente. Cada vez que uma pedra atingia o homem, uma multidão sedenta de sangue saudava com entusiasmo.

Mais tarde naquela mesma manhã, o pastor passou por um vilarejo, onde duas famílias brigavam por uma moringa de água rachada. O oleiro que havia vendido o jarro quebrado alegava haver, de fato, se enganado. Mas foi levado até um poste e recebeu quarenta chibatadas, enquanto os espectadores gritavam e cuspiam nele.

Depois, o pastor ajudara um menino pequeno que levara uma surra impiedosa do pai. Tudo isso foi feito estritamente de acordo com a lei. Mas era suficiente para fazer qualquer pessoa temente a Deus se perguntar onde Deus estivera durante esse dia. Por que Deus não enviara ajuda para poupar a criança?

O pastor fechou os olhos e estava pegando no sono quando ouviu uma voz sussurrando em seu ouvido:

– Eu enviei ajuda. Enviei você.

Leve como uma pena

O pastor dormiu.

Sonhou que estava em um lugar longínquo, de pastagens verdejantes. Nesse lugar, não havia arbustos de espinheiros para ferroar suas ovelhas nem fossos onde elas pudessem cair. O mais estranho de tudo era o fato de que havia um velho enrugado, sentado sobre um baú de madeira, na bifurcação da estrada, indicando o caminho.

– Olá – disse o ancião. – Está à procura de algo?

– Como soube disso? – perguntou o pastor.

– Pela expressão em seu rosto. Muitas das pessoas que passam por aqui estão à procura do novo caminho. Eu posso lhe indicar as direções. Mas, primeiro, será preciso que seu coração passe por uma pesagem.

O pastor observou o ancião tirar um conjunto de balanças de dentro do baú.

– Agora – disse o idoso, coçando a cabeça –, onde está a pena?

Ao colocar a pena em um dos lados da balança, o velhinho estava tão contente quanto uma criança na loja de um artesão de brinquedos. Depois, esticou o braço até o peito do pastor e tirou seu coração, que pulsava num ritmo salutar.

– O que está fazendo? – perguntou o pastor.

– Não se preocupe – disse o velho –, ele está ligado a você por um cordão dourado invisível, portanto, nada de mau pode acontecer. – O ancião parou e, então, deu um passo atrás. – Certo. Agora, vamos pesá-los – disse ele, colocando o coração sobre a balança, no lado oposto da pena.

O pastor continuou olhando, pensativo. Ver seu próprio coração batendo era algo um tanto misterioso, mas também muito natural.

Na mesma hora, o lado da balança em que o coração estava pousado baixou um pouquinho.

– Hmmm – disse o idoso. – Um pouquinho pesado. Você tem andado desanimado?

– Isso importa? – perguntou o pastor.

– Muito – disse o velhinho. – É melhor viajar mais leve, sem tristeza, raiva ou medo. Sem inveja, julgamento ou mágoa.

– O que preciso fazer? – perguntou o pastor.

– A cada manhã, quando acordar, prometa ao amanhecer que manterá seu coração tão leve quanto uma pena. Prometa novamente todas as noites, ao pôr do sol.

– E se eu fizer isso? – perguntou o pastor.

Mas o ancião havia desaparecido. O sonho terminara.

O mapa do tesouro

Na manhã seguinte, ao ver o sol nascendo, o pastor prometeu ao amanhecer que manteria seu coração tão leve quanto uma pena. Depois, calçou as sandálias, juntou as ovelhas, lhes deu água e partiu pela estrada que rumava em direção à vila. Seu objetivo era encontrar o menino e se assegurar de que as nuvens sombrias haviam passado.

– Como vai você? – bradou o pastor, ao ver o pequeno em pé, com seu burrico, diante de uma casinha feita de tijolos brancos. O menino não era maior que um saco de trigo. Tinha cabelos pretos e olhos azuis, e uma de suas pernas estava enfaixada com uma bandagem branca.

– Ele está bem – soou uma voz doce, em tom alto.

Era de uma mulher jovem, de pele morena, com cerca de vinte anos. Ela surgiu de dentro da casa, imaginando se esse visitante inesperado seria o homem que ajudara o menino no mercado no dia anterior. Ele era alto, magro e bem musculoso, com um cajado em uma das mãos, um saco pendurado em um dos ombros e um rebanho de ovelhas ao redor de seus pés.

Cautelosa com estranhos, a princípio a jovem manteve distância, até que viu o pastor correr os dedos nos pelos de cada um de seus animais, penteando e alisando gentilmente os tufos que estavam em pé.

– Como você cuida bem de seus animais – disse ela, observando as mãos ternas acarinhando as ovelhas.

– E elas de mim – respondeu o pastor. – Elas me fazem companhia quando estou solitário. E me aquecem à noite quando sinto frio.

Ele se apresentou como Joshua, filho de Isaac, e disse estar em uma jornada. Então, esticou a mão ao menino e acarinhou seus cabelos afetuosamente, como fazia com as ovelhas. O menino se aproximou dele.

– Para onde você está indo? – perguntou a mulher, que disse se chamar Elizabeth. Seus olhos azuis cintilaram e ela jogou os cabelos negros para trás, revelando os traços delicados do rosto pequeno e arredondado.

– Não estou bem certo. Mas acho que tenho de buscar um novo caminho – disse o pastor. – Eu sonhei com isso.

– Em seu leito de morte, meu avô falou sobre um novo caminho – comentou a mulher. – Vovô previu que uma era de milagres viria quando o caminho fosse redescoberto.

Os olhos do pastor se arregalaram de perplexidade. Eles eram castanho-escuros, como os cabelos que desciam até os ombros e emolduravam o rosto amistoso e receptivo.

– Meu avô queria, ele mesmo, fazer a jornada e encontrar o caminho – continuou a mulher –, mas estava cego e doente quando o mapa chegou em suas mãos.

– Esse mapa – disse o pastor –, onde está ele agora?

– Comigo – disse a mulher. – Eu o mantenho escondido em minha fonte.

– Por que tanto cuidado? – perguntou o pastor.

– O novo caminho é poderoso – disse a mulher –, e os poderosos o temem. Ele pode mudar tudo.

As palavras da mulher insuflaram no pastor uma determinação que ele jamais havia experimentado. Quem era essa mulher? Possuía um brilho especial e fazia com que se sentisse em casa. Sentia que pequenas sementes de amizade eram plantadas enquanto conversavam.

Mas, antes que tivesse a chance de dizer mais, a mulher o conduziu a uma mesa posta ao ar livre, ao lado da casa. O sol estava alto e quente, mas a mesa ficava à sombra de uma antiga oliveira viçosa. Os pássaros entravam e saíam dos galhos, construindo um ninho de gravetos e folhas. A mulher mostrou que havia preparado uma mesa de figos, tâmaras, queijo e leite, e o convidou para acompanhá-los.

Joshua aceitou, mas olhou para a casa. Parecia escura e vazia. Talvez o pai de David estivesse fora, no campo, e logo estaria de volta.

– O mercador – perguntou Joshua, quando o menino estava longe e não podia ouvir –, quando deve voltar?

– Nem tão cedo – respondeu Elizabeth. – Ainda zangado com o que aconteceu no mercado, o pai de David o rejeitou e agora eu cuido dele. – Então, explicou que ela e o menino foram avisados de que deveriam arranjar uma nova moradia.

Tomado de tristeza, o pastor balançou a cabeça. Perguntava-se como é que o coração do mercador se trancara com tanta hostilidade. Como poderia ter ficado tão endurecido?

Elizabeth percebeu a tristeza nos olhos de Joshua. Depois de comerem a refeição, ela mandou que David pegasse sua flauta e o tamborim dela, dentro da casa. Então, ela entoou um ritmo animado e todos eles dançaram e riram até ficarem com suas barrigas doendo.

Quando o sol vespertino caiu a oeste no céu, Joshua pediu permissão para dormir no celeiro. Seu plano era partir bem cedo no dia seguinte.

Elizabeth concordou prontamente, depois o surpreendeu.

– Nós podemos acompanhá-lo em sua jornada? – perguntou ela.

Começando a jornada

E lá foram eles, iniciando sua caminhada, guiados pelo mapa que estava escondido em um pote de barro no fundo do poço.

Passaram por vilarejos e cidades. Escalaram colinas e montanhas. E ao final do primeiro dia, encontravam-se em uma aldeia distante. Foi lá que conheceram o contador de histórias.

Ele estava sentado no chão, sob um dossel, na praça pública. Pequeno em estatura, mas de porte imponente, usava uma faixa dourada na cintura, sobre sua túnica alva como os lírios, e um turbante alto, vermelho vivo, na cabeça. Ao seu redor, havia pilhas de livros de capa de couro, resmas de papiros, canetas de pena e tintas de muitas cores.

– Sentem-se! Podem chegar! – chamou o contador de histórias, gesticulando para algumas almofadas espalhadas à sua volta. Como se estivesse esperando convidados, ele servira pão, peixe, vinho e azeite de oliva, o suficiente para alimentar uma pequena multidão. – Minha mesa é rica e sua companhia é bem-vinda – disse ele.

– Obrigado por sua generosidade, amigo – disse o pastor. – Nossos estômagos estão vazios, assim como nossas bolsas. Como podemos retribuir? – Conforme ele falava, seu estômago roncava. David e Elizabeth observavam com expectativa.

– Uma história será o suficiente – disse o homem. – Eu ganho a vida contando-as. E jamais me canso de ouvi-las.

Então, eles comeram e beberam até se fartarem. E depois, o pastor contou uma fábula.

A fábula do pastor

– Era uma vez um menino que se sentia muito à vontade no celeiro, quando, durante a primavera, uma ovelha, uma porca, ou uma vaca dava à luz.

Esses nascimentos eram rotineiros, além de sanguinolentos: longas horas de trabalho de parto, ao fim das quais o garoto segurava feliz um recém-nascido junto ao peito.

"Uma vez, porém, após o nascimento de alguns cordeiros, o pai do garoto soou grave ao pedir água.

"'O senhor vai limpar os olhos deles?', perguntou o menino, inocentemente.

"'Não', respondeu o pai. 'Nasceu um filhote mirrado.'

"'E para que o senhor precisa da água?'

"'Para tirá-lo dessa infelicidade.'

"'Quer dizer que vai afogá-lo?', perguntou o menino. Ele ficou desesperado e implorou ao pai que afogasse a ele próprio, em lugar do cordeiro.

"'Não seja tolo', zombou o pai. 'Para sobreviver neste mundo, você precisará desenvolver uma couraça mais dura, como a do gado.'

"Mas esse garoto era persistente e não aceitava um não como resposta. Continuou a suplicar para permanecer com o filhote mirrado, tão pequeno que praticamente cabia na palma de sua mão.

"'Criança tola', disse o pai. Mas estava cansado de discutir e acabou cedendo.

"Nos dias que se seguiram, o menino arrumou um ninho de panos velhos e alimentou o filhote duas vezes por dia, com leite da mãe. No começo, o filhote nem abria os olhos, mas sempre fungava o ar quando o menino se aproximava. Os pastores da região gargalharam quando ouviram dizer que o menino deixava que o filhote mirrado lambesse o leite de seus dedos.

"'Que tolo deixa que o filho se torne enfermeiro de um filhote mirrado e cego?', perguntavam.

"Com o passar do tempo, o filhotinho mirrado tornou-se tão forte e saudável quanto seus irmãos. Um dia, quase um ano mais tarde, o pai do garoto lhe pediu que buscasse o rebanho de ovelhas. Era hora de ir ao mercado vendê-las e os animais deveriam ser colocados na carroça. O menino suplicou ao pai que poupasse o animal. Mas ele não se comoveu.

"'Filho', disse o pai, 'o mundo é assim.'

"'Não podemos refazer o mundo?', perguntou o menino. 'Os oleiros não fazem novos desenhos em seus tornos? Os construtores não buscam novas fundações, substituindo pedra por areia?'

"'Você é filho de um fazendeiro, não nasceu para ter poder', disse o fazendeiro.

"'E eu não tenho o poder de um filho de fazendeiro?', perguntou o menino.

"Naquele dia", continuou o pastor, "o homem foi ao mercado, deixando as ovelhas por conta do menino. Eu era aquele menino. E prometi que minhas ovelhas jamais veriam a lâmina fria do machado. Sendo assim, ganho a vida vendendo lã."

– Ah – disse o contador de histórias –, agora eu o conheço. Um homem de pensamento próprio. Obrigado por contar sua fábula.

Elizabeth falou em seguida. Sua voz era tão macia quanto a brisa do deserto.

A fábula de Elizabeth

– Era uma vez uma mulher de grande fortuna que vivia em uma casa majestosa. Seus robes eram feitos de seda e suas toalhas de mesa eram entremeadas de fios de ouro. Sua bebida era servida em cálices de ouro e sua comida, em bandejas de prata.

"Mas ela não era feliz, e assim um dia chamou sua serviçal.

"'Quem é maior?', a mulher perguntou. 'A que se senta à mesa ou a que serve?'

"A serviçal permaneceu em silêncio. Não queria ofender a mulher. Nem podia mentir. A mulher rica pressionou-a para obter uma resposta e a menina acabou cedendo.

"'Minha senhora', disse a serviçal, 'os que se sentam à mesa são grandes se estão escravizados às próprias necessidades e aos desejos egoístas? Os que servem a mesa são inferiores, se são livres para amar? Aquele que dá amor também recebe. O que compreende é compreendido. Quem consola recebe consolo. Essa é a lei maior.'

"Naquele dia, a serviçal foi libertada por dizer coisas fortes com gentileza e coisas gentis com firmeza. A menina foi para casa visitar seu avô moribundo, depois percorreu a zona rural até encontrar trabalho com um mercador. Quando o mercador repudiou seu filho, a menina o acolheu.

"'Eu era essa menina', disse Elizabeth. 'Agora, cuido de meu irmão.'"

– Ah – disse o contador de histórias –, agora eu a conheço. Uma moça que diz a verdade. – O contador de histórias agradeceu Elizabeth por sua fábula.

– E você, pequenino? – perguntou o contador de histórias, virando-se para o menino. – Que fábula tem a contar?

– Não é uma de alguém que busca algo nem de alguém que conta a verdade – disse o menino. – Esse é a minha própria fábula. Pois eu sou David, filho de ninguém. Minha mãe morreu quando nasci. Meu pai me batia, me chamava de imbecil e preguiçoso e, um dia, me pôs para fora. Agora eu sou órfão, sem mãe, sem lar e sem direito algum de filho.

O menino parou de falar e abaixou o olhar para os pés empoeirados. Eles estavam vermelhos e doloridos por causa da caminhada de muitos quilômetros com suas sandálias velhas. O couro estava gasto e as tiras, arrebentadas.

– Ora, ora – disse o contador de histórias, ouvindo o menino. – Essa é uma fábula muito triste para alguém tão jovem.

– Duvida dele? – Elizabeth protestou. – O menino fala de coração.

– Todo narrador faz escolhas – disse o contador de histórias. – Alguns cobrem seus personagens de desespero, enquanto outros preferem vesti-los de esperança. Alguns veem o jarro de vinho metade vazio; outros o veem metade cheio. – Ele apontou para o jarro sobre a mesa, diante deles.

– David – disse o contador de histórias –, onde havia tristeza, sua irmã trouxe alegria. Onde havia solidão, o pastor ofertou companhia.

O menino sentou-se ereto e em silêncio, ouvindo.

– Talvez você possa virar a página e contar uma nova fábula, uma na qual um novo menino caminha com sandálias novas. Pois as velhas foram tiradas, como a pele seca e rachada de uma cobra.

O menino ficou pensativo. Elizabeth chegou mais perto dele e pegou sua mão. Então, seu rosto se iluminou e ficou animado.

– Eu sou David, irmão de Elizabeth. Embora minha mãe tenha morrido quando nasci, e meu pai tenha me xingado, jamais ando só. Sou muito sortudo por ter minha irmã e o pastor, ambos bondosos e gentis. E meu burrinho também me ama.

– Ah – disse o contador de histórias. – Não é uma vítima, é um sobrevivente. Agora, nós o conhecemos. David, o garoto de sorte.

A fábula do contador de histórias

Depois de contarem suas histórias, os três viajantes assistiam ao sol de fim de tarde prestes a desaparecer. Era hora de colocar as ovelhas e o burro para descansar e de se recolherem em uma estalagem próxima. Mas quando estavam prontos para partir, o pastor se dirigiu ao contador de histórias.

– E você, amigo, antes de seguirmos nosso caminho, nos honraria com uma fábula?

Em vez de responder imediatamente, o contador de histórias pôs a língua para fora, balançando-a de um lado para o outro, imitando uma serpente pronta para o bote. Então, ele disse que Kulfi, o Encantador de Serpentes, era um homem que comera da árvore da profunda sabedoria. Um homem que frequentemente jejuava e dormia em uma cama de pregos. Um homem cujo mero nome evocava admiração em muitos que jamais haviam pousado os olhos sobre ele.

–Vocês conhecem a fábula de Kulfi? – perguntou o contador de histórias.

A fábula de Kulfi, o Encantador de Serpentes

"Um dia, Kulfi anunciou que estava planejando fazer uma demonstração. As pessoas vieram de quilômetros de distância, de todas as direções, para ver o homenzinho ossudo, com seu imenso turbante branco e farto bigode preto. Quando chegaram, Kulfi estava sentado, de pernas cruzadas, no topo de uma colina, com um cesto diante de si, dentro do qual havia uma serpente. Ele pediu que todos fizessem uma prece para protegê-lo e acalmar a cobra. Em seguida, fechou os olhos, encheu o peito de ar e logo o som exótico e suave de uma melodia muito sensual fluía de sua flauta.

"O tempo passava e nada acontecia. Seria o grande Kulfi capaz de atrair a serpente para fora do cesto? As pessoas na multidão começaram a se contorcer de inquietação. Haviam pago pela chance de ver Kulfi e esperavam uma bela apresentação.

"E então, logo quando a paciência estava prestes a acabar, puf! A tampa do cesto voou e a cabeça da cobra surgiu. Era uma criatura amarela e preta, coberta de marcas semelhantes a diamantes, que ziguezagueava de um lado para outro, aparentemente hipnotizada pela música.

"'Ohhhhhhh!', entoavam muitos da multidão. Como foi que Kulfi fez isso? Que tipo de homem era ele?

"Quando a víbora estava completamente desenrolada e dançando, empertigada em pleno ar, Kulfi se inclinou à frente. A multidão estava tensa, imaginando o que esse homem destemido faria a seguir. Então, Kulfi esticou o pescoço e aproximou-se perigosamente da serpente, plantando-lhe um beijo na cabeça! Isso era mais do que qualquer um podia esperar. O grande Kulfi estava cortejando a morte!

"Mas um menino não ficou impressionado. Posicionado atrás de uma senhora gorda, o jovem não conseguia ver coisa alguma. Saindo da aglomeração, ele encontrou uma árvore e subiu até seu galho mais alto, acomodando-se no local onde os pardais e as águias faziam seus ninhos.

"Do alto, o menino tinha uma excelente visão de Kulfi tocando sua flauta. A cobra se movimentava de maneira sensual e a multidão estava assombrada. Não era possível determinar quem estava mais encantado – a serpente dançando no ritmo da melodia de Kulfi ou a multidão.

"Foi quando o menino viu Dodo, assistente de Kulfi, andando na ponta dos pés, ao redor dos espectadores. O que era aquilo? Os olhos do menino o enganavam? Poderia Dodo estar pegando as algibeiras e bolsas dos espectadores, surrupiando seus pertences e guardando na manga de sua túnica?

"'Olhem!', gritou o menino. 'Dodo, o larápio, está com a mão onde não deve!'

"'Quieto, menino!', gritou uma mulher. 'Você está estragando a apresentação!'

"Mais tarde, quando a performance havia terminado, o menino foi escondido até o acampamento de Kulfi, e viu o encantador de serpentes e Dodo dividindo o montante roubado. Ao lado de Kulfi, estavam a faca que ele usara para cortar as glândulas venenosas da cobra e a agulha e linha que usara para costurar as mandíbulas do réptil.

"Naquele dia", disse o contador de histórias, "o menino passou a ficar desconfiado de aglomerações que cortejam alguém e sorriem largamente e dos Propagadores da Mentira que encantam e seduzem. Ele começou a buscar patamares mais altos, de onde a vista é melhor. Sei disso porque eu era aquele menino. Agora vejo com meus próprios olhos e possuo meus próprios dons, como deve ser com cada um de nós."

O contador de histórias parou e se virou para seus visitantes, que também estavam prontos para partir.

– Vocês estão longe de casa – disse o contador de histórias. – Para onde vão?

– Em busca do novo caminho – disse o pastor.

– Muitos partiram à sua procura – disse o contador de histórias. – Nenhum deles regressou. Talvez eles não estejam cientes de que para encontrá-lo é preciso trazer à tona aquilo que há em você, pois isso é o que o salvará.

– Contador de histórias, você fala em charadas. O que quer dizer? – perguntou o pastor.

– Você logo saberá – disse o contador de histórias –, quando o último capítulo for escrito e o herói aparecer.

E, com isso, o contador de histórias fechou seu livro por aquele dia. Os viajantes agradeceram por sua generosidade e seguiram em busca de um lugar para pernoitar.

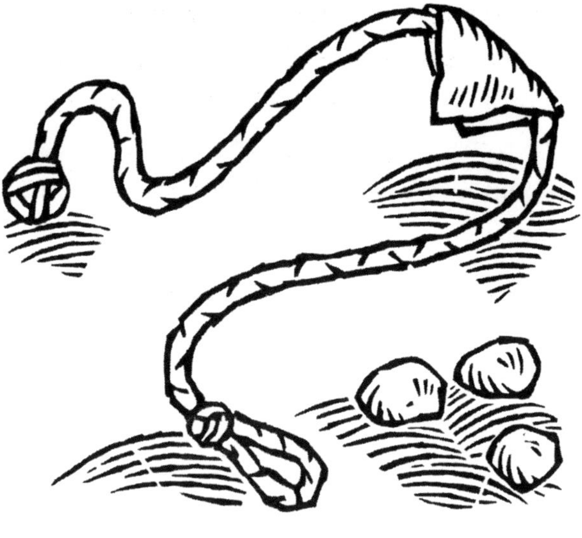

O soldado relutante

O brilho místico do crepúsculo pairava sobre a terra. Ninguém gostava mais desse horário do dia do que Joshua.

Depois de colocar suas ovelhas e o burrinho de David para descansar, e acomodar Elizabeth e David em uma estalagem, Joshua olhava o horizonte. Fazia uma noite espetacular, limpa e agradável. O sol quente e alaranjado começava a desaparecer como uma bola em um passe de mágica, mergulhando atrás das colinas longínquas. Quando criança, Joshua sempre ficava deitado na campina, ou em pé nas montanhas, vendo a luz desvanecer. Agora, o crepúsculo fazia com que se lembrasse de manter o coração leve como uma pena.

Como sua mãe e sua avó, Joshua tinha uma alma simples. Enquanto outros se lançavam ao mundo, buscando acumular grandes fortunas, construir monumentos duradouros e deixar legados pessoais, sua esperança era fazer justiça, ser piedoso e caminhar humildemente pela terra. Sentiu essas inclinações pela primeira vez ainda menino, trabalhando no celeiro, onde cuidava dos animais como uma galinha cuidando de seus pintinhos. Foi ali que passou a enxergar a vida como uma imensa tapeçaria, sendo o amor e os cuidados seus pontos mais fortes.

Mais tarde, já adolescente, trabalhava ao lado da mãe e da avó, em casa. Essas duas mulheres assavam pão e carregavam água, mas também eram parteiras, assistindo o nascimento das crianças locais. Quando elas preparavam o burrico para auxiliar em um parto, frequentemente levavam Joshua para ajudar. Em suas inúmeras experiências, ele aprendeu como um toque suave pode acalmar uma mulher em trabalho de parto; como um pano molhado pode refrescar uma testa suada; como palavras doces podem acalmar uma mãe que amamenta; e, acima de tudo, o quão frágil e preciosa é a vida humana.

Ao completar dezesseis anos, a última dessas lições foi posta em teste.

Um mensageiro real chegou à fazenda, no aniversário de Joshua, portando uma carta de recrutamento. A Força de Defesa do Rei estava se preparando para a guerra e Joshua era um dos muitos convocados a deixar o lar e seguir para o campo de treinamento. Aqueles que se recusassem seriam acorrentados e apedrejados.

– Como devo lutar? – perguntou ele à mãe.

Ela segurou suas mãos e chorou, mas não soube responder.

– Então essa é a *mocinha* – disse o capitão da guarda, quando Joshua chegou ao campo.

Ele chutou terra no jovem, para ver como ele reagiria.

Joshua ficou parado, sem dizer nada.

Depois, o capitão lançou um estilingue para o jovem e pediu que acertasse um passarinho. Joshua não tinha familiaridade com a arma e se atrapalhou, admitindo não ter o desejo de matar.

– Então, acho que podemos chamá-lo de nosso guerreiro pacífico – disse o capitão, rindo. – De que irá servir quando o inimigo invadir?

O jovem deixou que a zombaria e as provocações o atingissem como a brisa fresca da tarde. Mas, enquanto observava o capitão, notou que o cavalo do militar estava fraco. Suas costelas eram visíveis e seus olhos estavam vidrados. O jovem gentilmente acarinhou o animal, que ergueu o rabo e relinchou.

– Você sabe lidar com animais? – perguntou o capitão. Estava surpreso pela forma com que o jovem percebera a enfermidade do cavalo.

– Esse animal precisa imediatamente de uma raiz especial misturada à sua alimentação – disse o jovem. – Não devemos perder tempo.

O capitão ouviu atentamente. Esse era seu cavalo predileto, e o bicho vinha perdendo peso a cada dia que passava. Logo estaria fraco demais para ser montado.

Ele levou o jovem até o estábulo e deixou que examinasse os outros bichos. O garoto era um grande conhecedor de todos os tipos de animais – porcos, cabras, galinhas e ovelhas.

Vendo as mãos suaves do rapaz passarem pelas vacas, pelos porcos e pelo cão, o capitão decidiu pedir ao rei que o jovem trabalhasse no celeiro. Ele ficou pouco tempo ali, mas logo os animais que estavam doentes ficaram bons. E cresceram. E logo novas vidas transbordavam do celeiro.

– Precisamos dar alguns animais aos nossos vizinhos – o jovem disse ao capitão. O militar estava montado em seu garanhão preferido, recém-recuperado à plena saúde, quando Joshua fez essa sugestão. O coração duro do capitão fora amolecido pelo modo terno de Joshua.

– O que o rei dirá? – o capitão se perguntou, em voz alta. – Ele preferiria dar aos nossos vizinhos uma prova do remédio deles próprios.

Mas, depois de um inflamado debate, o rei concordou em mandar uma caravana de animais ao inimigo. Crianças famintas receberam leite das vacas. Os idosos ganharam ovos das galinhas. Corações fechados se abriram. E logo houve uma trégua. O rei descobriu que podia governar servindo e curando pelo amor – alcançando, assim, resultados surpreendentes e poderosos.

Transcorridos quatro anos do seu ingresso no serviço militar, Joshua foi liberado pelo rei e recebeu um rebanho de ovelhas. Foi para casa visitar a família, depois começou a caminhar pela zona rural, incerto quanto ao seu destino. Vagava sem direção, até que viu um homem batendo em uma criança, uma calamidade que o deixou pensando no que se podia esperar de um mundo onde a violência fluía com tanta naturalidade quanto o leite materno.

A questão suplicava por uma resposta. Ele esperava encontrá-la.

Mas, por ora, estava cansado. O sol havia desaparecido e fora gradualmente substituído por uma abóbada de estrelas. Voltou à estalagem e seguiu para o celeiro, e logo adormeceu.

Uma bolsa de seda de uma orelha de porco

Eles se levantaram cedo, consultaram o mapa e caminhavam pela estrada, quando ouviram a voz dele.

– *Mi mi mi mi* – vinha o grasnido. – *Mi mi mi mi.* – Quem quer que fosse estava cantando tão desafinado que David cobriu os ouvidos. – *Mi mi mi mi* – o homem continuava.

Eles fizeram uma curva e lá estava ele, em pé, diante da loja do alquimista. De olhos vivos, barriga grande e careca, era um sujeito rechonchudo, com miçangas e conchas amarradas ao redor da cintura, exibindo penas costuradas nos ombros de sua vestimenta. Em vez da tradicional túnica branca preferida pelos homens de climas quentes, a sua era azul-clara.

– Ora, essa – disse ele, quando os avistou. Não esperava companhia e ficou surpreso. – Eu só estava exercitando meus pulmões – explicou. – Faço isso todos os dias, para me manter em forma.

Apresentou-se como Orion, o alquimista, e os convidou para um chá na loja. Encantados pela oferta de algo para beber, eles entraram em uma sala repleta de poções, ervas, pedacinhos de ferro e fragmentos de metal. Placas, fórmulas matemáticas, remédios caseiros e dizeres tortos escritos nas paredes. Em cima da mesa, à qual ele os convidou a se sentarem, também havia um mapa desenhado à mão.

– Onde são esses penhascos? – perguntou o pastor, olhando atentamente. Havia uma grande semelhança com o mapa de Elizabeth.

– Acima da caverna que fica de frente para o Grande Mar Interior, a alguns dias de jornada daqui – disse o alquimista. – Às vezes, eu cato pedras e conchas por ali para meus experimentos.

– Você conhece bem a caverna? – continuou o pastor.

– Só pela fama – respondeu o alquimista. – É um lugar perigoso, propenso à inundação, que atrai aqueles que buscam um novo caminho. Muitos entraram na esperança de descobrir segredos, e ninguém saiu.

Os olhos do pastor se arregalaram de perplexidade. Estava cheio de perguntas, mas David se antecipou.

– O que você está fazendo? – perguntou o menino. Estava colocando o nariz dentro de algumas panelas de cobre que exalavam fumaça.

– Uma bolsa de seda de uma orelha de porco – disse o alquimista.

– É mesmo? – perguntou David. A confusão ficou estampada no rosto do menino, enquanto ele esperava por uma explicação.

– Você já esteve no matadouro, não esteve? – perguntou o alquimista. – É um lugar horrível, cheio de sangue. Eu mesmo tento evitar. Mas, uma vez, quando eu estava lá, vi uma mulher tirar uma orelha de porco de uma pilha descartada de couro e vísceras. Mais tarde, no mercado, ela estava em seu banco de trabalho, costurando miçangas naquela coisa grosseira, e transformando-a em uma linda bolsa para uma dama nobre. Um ato estarrecedor de transformação. Bem, aquilo me fez pensar. Se uma lagarta pode se transformar em uma borboleta e um botão pode virar uma flor, o que mais é possível? Será que ferro pode virar ouro?

– Eu não sei – disse o menino.

– É claro que não – disse o alquimista. – Mas você tem a mente aberta. Ainda tem frescor diante das possibilidades. Aqueles do contra, com sua conversa constante do que não pode ser feito, ainda não roubaram suas esperanças e seus sonhos. Nem os meus. Eu estou sondando os mistérios e buscando pelos limites do que é possível.

Enquanto o alquimista falava, o pastor pensava no filhote mirrado que ele havia criado. As pessoas riam dele, quando ele o alimentava, dando-lhe leite. Mas o filhotinho cresceu.

Elizabeth pensava na mulher da realeza que a libertara. As pessoas diziam que os escravos jamais deveriam ter mais direitos do que aqueles que estão no poder. Mas Elizabeth ousara falar e ganhara sua liberdade.

– O que tem aí dentro? – perguntou David. Estava colocando o nariz na borda de uma imensa panela de ferro, da qual subia uma grande nuvem de fumaça branca. A fumaça serpenteava no ar, como se saísse de uma lâmpada mágica.

–Algo que desenvolvi para uma mãe desesperada cujo filho estava com uma doença misteriosa – disse o alquimista. – Os médicos haviam perdido as esperanças para o pequeno paciente. Mas quando a mãe implorou minha ajuda, eu lhe dei o que daria a qualquer amigo ansioso, uma xícara de chá, mas também fiz uma prece, usando um encantamento antiquíssimo. Contra todas as probabilidades, a criança melhorou. Em breve, as pessoas estavam fazendo fila em minha loja, pedindo um pouco de meu elixir.

O menino tinha muitas outras perguntas, mas Joshua interrompeu.

– A jornada adiante é longa – disse ele. – Precisamos ir andando. – O pastor agradeceu ao alquimista por sua gentileza e, junto com os outros, seguiu em frente.

Enquanto saíam, ouviram o alquimista chamar.

– Moça! – ele gritou, saindo correndo da loja. Aproximou-se de Elizabeth e pressionou um saquinho em suas mãos. – Esse remédio pode vir a ser útil. Ele é muito poderoso.

Elizabeth agradeceu ao alquimista por sua bondade. E os viajantes seguiram seu caminho.

Ver é crer

Abba e Baba, Jonah e Iona, Little e Fiddle, Lev e Zev... Zev?

– Para onde ela foi? – perguntou David. – Eu não a vejo.

Ser uma ovelha significava levar uma vida monótona. Pastando, dormindo, bebendo, caminhando, acasalando, parindo, produzindo lã. As ovelhas fazem pouco além disso – exceto se desviarem do pasto, ocasionalmente. Isso parecia ter acontecido com Zev, a pequena ovelha negra de olhos úmidos, e David estava preocupado por isso.

– Provavelmente fugiu para comer umas frutinhas – disse o pastor. – Você sabe como ela é danada.

David concordou, mas estava ávido para encontrar a ovelha fujona e reincorporá-la ao rebanho imediatamente. Joshua concordou e caminhou de volta, descendo a colina, até chegar a uma rocha, onde viu fumaça subindo de uma fogueira. Um homem esquelético, vestindo uma tanga, estava sentado no chão, perto do fogo, absorvendo o calor.

– Olá, velho senhor. Viu uma ovelha perdida? – perguntou Joshua.

– Eu não vi nada. Sou cego.

– Ah – disse o pastor. – Desculpe incomodá-lo, amigo.

– Mas posso lhe dizer onde está sua ovelha – afirmou o homem cego. – Empacada no espinheiro. Ouça.

Uma farfalhada saía dos arbustos e, depois de alguns segundos, a ovelha surgiu cambaleando.

– Gostaria de limpar esses arranhões? – perguntou o cego.

– Como sabe que Zev está ferida?

– Eu vejo com meus ouvidos, sinto com minha mente e sei com meu coração. Faço isso desde menino.

– Muito estranho, de fato – disse o pastor. – Sim. Seria bom passar uma água.

– Tente o córrego atrás do despenhadeiro. E dê um mergulho. É muito refrescante!

O pastor riu. O velho estava provando ser realmente um sujeito peculiar. Estava sentado no chão, de pernas cruzadas, cercado pelas necessidades básicas vitais – gravetos para uma fogueira, frutinhas para o café da manhã, algumas túnicas de algodão, um cantil de água e uma bengala para caminhar.

– Eu sou Joshua – disse o pastor. Depois perguntou: – Você vive no deserto?

– E onde mais? – perguntou o cego. – E você?

– Só de passagem, a caminho da caverna.

– Entendo – disse o cego. – Você está em busca do novo caminho. Os que seguem procurando por ele não voltam.

Então, o cego descreveu a estrada à frente, infestada de ladrões. Aconselhou que tivesse cautela no caminho que conduz ao topo do despenhadeiro, de onde o Grande Mar Interior poderia ser avistado. E descreveu o que os viajantes poderiam esperar.

– A partir dali – disse ele –, a estrada descerá serpenteada. Descanse próximo à costa pela manhã, você vai precisar de suas forças. Depois, siga o sol, à medida que ele se deslocar a oeste, abraçando a costa, até que possa ver o topo das árvores. A caverna estará próxima.

O pastor contou ao cego que ouvira falar sobre a inundação dentro da caverna. O cego ouviu, depois começou a abanar as mãos no ar.

– Preste atenção aos pássaros. Eles lhe mostrarão a hora certa de entrar. Os pássaros só entram na caverna quando a água está em seu nível mais baixo, quando tem ar suficiente. Mas seja breve! Você terá pouquíssimo tempo para obter o que procura.

– Como posso recompensá-lo? – perguntou Joshua.

– Venha sentar junto à minha fogueira, com sua família. Faça-me companhia.

E eles acamparam com o cego. Sentaram-se junto à fogueira e ouviram, enquanto ele contava sua fábula.

A fábula do cego

– Nasci cego. Quando meu pai soube que seu filho veio ao mundo com dois buracos negros na cabeça, ele disse à minha mãe que me jogasse no poço.

"'Não se demore, ou se apegará a ele', disse ele, que era um homem prático.

"Sabendo que não poderia obedecer, minha mãe logo traçou um plano para enganar meu pai. Quando ele foi para a cama, ela me embrulhou em um cobertor e me amarrou com um cipó da videira a uma imensa folha de palmeira. Depois, me colocou na correnteza suave do rio e rezou para que alguém mais abaixo me salvasse. Ela sabia que era época de plantio e que os agricultores estariam às margens, arando a terra, bem cedinho.

"Quando meu pai acordou, minha mãe disse a ele que fizera conforme fora instruída e que me jogara em um poço abandonado, onde uma raposa havia me estraçalhado em seguida.

"Sentindo que estava sendo enganado, meu pai pediu provas. Minha mãe não esperava nada menos do coração sinistro de meu pai. Ela já havia ido ao matadouro para pegar algumas entranhas de porco, que empilhou em um prato, e colocou diante dele. Que grande tolo ele devia ser, meu pai tomou seu vinho e partiu para o trabalho, como se fosse um dia qualquer.

"Quanto a mim, eu segui flutuando até um lugar distante, onde uma família de roceiros acolheu minha alma com amizade e amor. Mais tarde, quando eu já estava grande, minha mãe foi à minha procura, antes de morrer, lamentando profundamente por ter me deixado à deriva."

– Senhor – disse Elizabeth –, o senhor comove meu coração. Acompanha-nos em nossa jornada?

– Um homem só deve seguir seu próprio caminho – disse o cego. – Jamais o caminho do outro, ou seus pés ficarão cansados e feridos. E ele se sentirá perdido, mesmo quando chegar. Seu destino a leva até um lugar diferente do meu. Mas eu lhe agradeço por sua gentileza.

O menino estava cansado. Encolhera-se em meio às ovelhas, em seus mantos de lã, encontrando abrigo contra o ar frio noturno, mergulhando entre elas, como se fossem irmãos. Naquela noite, ele dormiu mais perto de Zev, a ovelhinha que se perdera e depois fora encontrada.

A serviçal sábia

Ninguém gostava mais do sol matinal do que Elizabeth.

Levantou ao alvorecer e foi até o córrego, colocando roupas limpas. Colheu frutos e colocou as ovelhas e o burrinho para pastarem. Quando os outros acordaram, ela já havia preparado a mesa para o café da manhã. Era sua forma de assegurar que todos tivessem o que precisavam.

Assim como sua mãe e sua avó, Elizabeth nascera na servidão e vivera na casa real até ter idade suficiente para encher um jarro, colher uvas e carregar um cântaro de barro. Frequentemente, imaginava qual seria o sabor da liberdade, mas nunca foi amarga nem infeliz. Tinha sempre em mente a fábula dos balões, contada pela avó. Os babuínos gostam de se esconder nas árvores, de onde desciam quando os membros da realeza jogavam bola. Independente do esforço que a realeza fazia para controlá-los, os macaquinhos pegavam a bola e a largavam em lugares aleatórios pelo campo. Isso fez com que os jogadores adotassem novas regras e jogassem a bola onde os babuínos a soltassem.

Elizabeth fazia da mesma forma: ela jogava onde a bola caísse, se adaptando e tirando o melhor de todas as situações. O respeito e a influência que ganhou de seus colegas na casa real não foram conquistados com ordens ríspidas às serviçais inferiores a ela, mas por conseguir identificar as melhores aptidões dos outros e por ajudá-los na realização de suas tarefas.

– Pergunte a Elizabeth – os outros diziam, porque a amavam. Ela era sempre boa e invariavelmente gentil.

A dama real gostava de ter Elizabeth por perto. Certa vez, quando a corte foi confrontada com um motim, o conselheiro real advogou recomendando sérias medidas para sanar a rebelião. Quando a dama real dispensou a corte, ela pediu a Elizabeth que permanecesse.

– Por que desviou seu olhar, enquanto meu conselheiro falava? – perguntou a dama.

– Seu conselheiro lutaria com fogo contra fogo, e todos seriam destruídos pelas chamas. Seria melhor, eu creio, ter profunda generosidade com esses vizinhos que a desafiam, pois o mel tem sabor bem mais doce do que o vinagre.

Quando o conselheiro real ouviu a recomendação de Elizabeth, explodiu de ódio.

– Novas rebeliões bebem da videira da conciliação – ele declarou.

A dama real o ouviu. Naquele dia, porém, ordenou à corte que fossem desenrolados carretéis dos mais gloriosos tecidos e abertos os baús das mais finas iguarias e frutos, para que fossem entregues aos vizinhos em guerra. Logo depois, todos se sentaram para resolver as diferenças.

Conforme o tempo foi passando, Elizabeth foi subindo na estima da dama real. Sua influência se expandiu – não por ter um trono, uma coroa ou tecidos finos, mas porque dizia a verdade, irradiava esperança e amava, com todo o seu coração, os que estavam ao seu redor.

Até que chegou o dia em que a dama real a libertou. Ela regressou à casa do avô, e o velhinho, já em seu leito de morte, deu-lhe o mapa de um novo caminho, que aguardava para ser revelado. Depois disso, ela foi cuidar da casa do pai de David.

Nesse dia, Elizabeth estava preparando o café da manhã. Quando David, Joshua e o cego acordaram, ela serviu peixe do córrego e frutas silvestres. Os homens e o menino comeram com entusiasmo. O cego, particularmente, estava faminto, e comeu como um prisioneiro condenado, tendo sua última refeição.

– Quem sabe quando poderei comer tão bem assim, novamente? – disse o cego. – E em tão boa companhia.

Ele lambeu os lábios e esfregou a barriga. Sua fome estava saciada, mas agora uma profunda tristeza lhe perfurava o coração. Seus novos amigos estavam prestes a partir para a caverna.

– Por favor, menino, venha se sentar comigo perto de minha fogueira – disse ele.

– O senhor pode contar outra história? – perguntou o menino.

O cego sentiu a mão do pastor em seu ombro. Então, contou uma história que aprendera quando garoto.

– Era uma vez, um lobo tão faminto que a saliva pingava de seus dentes afiados. Oh, como era grande a vontade do lobo de matar uma ovelha e comê-la no jantar. Quanto aquele lobo não daria por uma refeição saborosa!

"Mas o lobo estava frustrado, pois o pastor ficava de olho em seu rebanho, mantendo as ovelhas em segurança. Por que o pastor era tão cuidadoso?

"Primeiro, porque ele amava seus animais. Eles se aconchegavam junto a ele, à noite, provendo-lhe companhia e o aquecendo. E, segundo, ele sabia que a natureza cruel deixara que as ovelhas tivessem nascido como as criaturas mais indefesas do reino. Elas não tinham dentes afiados, nem garras, nem sequer velocidade ou força para se proteger do perigo ou ajudá-las a fugir. Essas ovelhas não poderiam lutar contra predador algum.

"Então, o pastor dormia com um olho aberto, tornando impossível que o lobo se aproximasse.

"Um dia, o lobo se deparou com uma pele descartada de ovelha.

"'Hmmm', pensou ele. 'Se eu me embrulhar nessa pele, ninguém saberá que sou um lobo. Pensarão que sou uma ovelha, e estarei livre para perambular por onde desejar.'

"Contentíssimo consigo mesmo, o lobo pôs o plano em ação e logo estava em meio ao rebanho. Quando uma ovelha recém-nascida sentiu o cheiro da mãe na pele do lobo e começou a andar atrás dele, ela logo se transformou em uma saborosa refeição."

O menino estremeceu.

– O que devo aprender disso? – perguntou ele.

– Lembre-se de que, apesar de haver muita bondade no mundo, as aparências enganam. Fique alerta para aqueles que vierem em pele de cordeiro. Para os que trouxerem traição e aparência enganosa.

– Como saberemos quem são os camuflados de cordeiro? – perguntou o menino.

– Fique alerta – aconselhou o cego. – Ouça sua intuição. Cuidado com qualquer estranho cujo sorriso não alcança os olhos.

O menino agradeceu ao cego por seu discernimento. Todos se despediram e os três viajantes seguiram seu caminho.

Recompensa e punição

Eles estavam quase no topo, quando aconteceu.

– Ooooh! Ai! – gritou o menino. Começou a pular enlouquecido, em um pé só, enquanto segurava o outro.

– Respire fundo – disse Joshua. – E olhe para o céu, onde aquele pássaro está circulando. – Quando estava certo de que o menino se distraíra, o pastor arrancou um espinho da sola de seu pé.

– Pronto, já foi – disse o pastor. Esfregou o pé para fazer com que ele se sentisse melhor. O menino sentiu o calor emanando das mãos do pastor.

Elizabeth se aproximou para afastar os cabelos de David de seu rosto e limpar suas lágrimas.

– Por quê? – o menino perguntou a ela. – Por que sou punido? Eu fiz minhas preces essa manhã e cuidei das minhas tarefas.

Elizabeth não acreditava que o sofrimento do menino fosse resultado de algo que ele tivesse feito de errado. Talvez as repreensões constantes de seu pai tivessem levado David a adotar uma visão amarga da vida. Ela estava ávida por substituir essa visão por uma mais radiante.

– Olhe aquelas nuvens de tempestade – disse ela, apontando para as nuvens escuras que se formavam ao leste. – Hoje, elas podem encher a nossa estrada de lama, mas a chuva que trazem fará com que as plantações cresçam. Será que todas as coisas acontecem para o melhor?

– Mas esse espinho – disse o menino. – Que bem ele faz por mim?

– Talvez ele o ensine algo, o deixe mais forte – respondeu ela.

Ele concordou e sorriu para a irmã, que sempre falava a verdade com amor e amava a verdade.

Eles estavam quase no topo do despenhadeiro. O mundo estava imóvel. O menino ouvia. E a caverna estava logo à frente.

A dádiva de um espinho rasteiro

Quando chegaram ao cume, os viajantes olharam para baixo, para o Grande Mar Interior. A água cintilante acenava para eles. Mas era salgada e impotável.

– Nós temos de encontrar água fresca antes de prosseguirmos – disse Joshua. – Nossos cantis estão quase vazios.

Eles precisavam de água fresca tão desesperadamente que Joshua sugeriu que ele seguisse pelo norte e Elizabeth, pelo sul. Lembrando-se das recomendações de cautela do cego, disseram a David que não se afastasse – para que ficasse exatamente onde estava, com as ovelhas e o burrinho – até que regressassem. Pretendiam se ausentar somente por um breve período.

– Você tem seus amigos para lhe fazer companhia – disse Elizabeth. – Quando voltarmos, nossos cantis estarão cheios.

– Por favor, irmã – o menino gritou. – Volte logo.

Ele estava sentado em meio às ovelhas, desfrutando de uma brisa fraca e assoviando para se manter ocupado, quando, do nada, surgiu uma mão calejada. Pousou sobre seu ombro e apertou.

– Lamento muito assustá-lo – disse o estranho, ao lado do menino. – Mas gostei de sua melodia. Eu estava longe quando ouvi e fiquei imaginando onde você teria aprendido uma música tão maravilhosa. Talvez sua bondosa mãezinha o tenha ensinado.

– Minha mãe morreu quando eu nasci – disse o menino. – Eu nunca vi seu rosto, mas me dizem que era adorável e macio. Eu sonho com ela à noite, quando não há estrelas.

– Pobre menino – disse o estranho, que adotou um tom de tristeza e simpatia, mas seria sincero?

David olhou para o rosto do homem. Era simpático e franco. De certa forma, tinha uma certa semelhança com o pastor. Mas havia algo esquisito: o sorriso do estranho não alcançava seus olhos. O menino se lembrou do que o cego lhe dissera.

– Minha irmã está perto – disse David. – Deixe-me chamá-la.

– Não precisa – disse o estranho. – Eu posso ver que seus lábios estão rachados pela longa caminhada sob o sol. Se vier comigo, posso lhe dar quanta água quiser.

O menino estava com muita sede. E eis que recebe uma oferta generosa de ajuda. Mas, às vezes, as aparências enganam, o menino lembrou. Um lobo poderia estar sorrateiramente entrando em meio às ovelhas.

O menino olhou para baixo, para as sandálias do estranho, e viu uma faca afiada presa nas tiras, na parte de trás da perna. Uma sensação ruim surgiu em seu estômago, à medida que o homem se aproximava.

–Você gosta de frutas secas e castanhas? – perguntou o homem. – Venha agora e dividirei doces delícias com você. Meu acampamento fica bem perto.

O que o menino não daria por essas delícias. Como seria o gosto de um figo? Fazia tanto tempo desde a última vez que um desses derretera em sua língua, que nem conseguia se lembrar. Essa oferta do estranho parecia uma tentação e tanto. Quase podia sentir o delicioso gosto da fruta – sua boca começava a se encher de água. Estava enfraquecendo, cedendo à ideia de que esse homem era sincero e poderia lhe dar algo que realmente queria.

Ouça sua intuição, o menino se lembrou do cego dizendo. *Olhe nos olhos dele. O que eles realmente lhe dizem?*

– Parece delicioso – disse o menino. – Sim, eu irei com você. Mas preciso voltar antes que minha irmã e o pastor regressem. Ou não ficarão felizes comigo.

– É claro – disse o estranho. – Eu entendo plenamente. – Mas quando eles se viraram para caminhar pela trilha, o menino começou a pular em um pé só, segurando o outro.

– Ooooh! Ai! – ele gritou. – Um espinho. Eu pisei em um espinho. – Então, como um ator talentoso em uma peça teatral, ele começou a rolar no chão, levantando uma enorme nuvem de poeira e assustando o burrinho e as ovelhas. Os animais começaram a correr em todas as direções, levantando ainda mais poeira.

O menino continuou gritando e o estranho não sabia o que fazer. Ele esticou a mão para pegar a faca, mas, antes que pudesse empunhá-la, o pastor surgiu.

– Largue sua arma – disse o pastor, erguendo o cajado e segurando-o à sua frente.

Quando Joshua se posicionou entre o estranho e o menino, sua mente teve um lampejo da imagem de David no chão, coberto de arranhões. Parecia que uma eternidade se passara desde o dia no mercado, quando o pai de David o surrou. Joshua acreditava ter falhado com o menino naquele dia. Isso não aconteceria novamente. Agora, se o agressor investisse, Joshua levaria a facada, sacrificando a si mesmo.

Mas quando Elizabeth surgiu na trilha, com água fresca, o estranho partiu. Ele se virou e correu, sumindo por entre os arbustos.

– David! – gritou ela. O menino estava no chão e ela o colocou sentado e o abraçou. Ele não estava particularmente abalado, mas as lágrimas corriam pelo rosto de Elizabeth, enquanto ela verificava se ele estava bem.

– Não chore por mim, irmã – disse David –, pois hoje eu sou um novo menino.

– Irmão, você me intriga – disse Elizabeth. Ela esperou que ele prosseguisse.

– Mais cedo, eu pisei em um espinho. Você se lembra? Eu chorei, perguntando: "Por que estou sendo punido?" Você me disse para lembrar que cada nuvem de tempestade traz a chuva de Deus. O sofrimento era um professor, não uma punição, você disse.

"Bem, irmã, essa lição me fisgou como um segundo espinho. Como é que um pé ferido poderia ser meu amigo? Só agora eu percebo que isso me ensinou a levantar uma nuvem de poeira, espalhar os animais e salvar a minha vida."

David parou e olhou em volta para a paisagem cheia de espinhos rasteiros. A poeira havia baixado. O estranho se fora. E as ovelhas e o burrinho estavam seguros.

Quando o menino terminou de falar, Joshua secou as lágrimas de Elizabeth, e os dois agradeceram aos céus por David e pela dádiva do espinho rasteiro.

Criando pombos

No terceiro dia da jornada, eles chegaram ao Grande Mar Interior. David brincou na praia. Elizabeth mergulhou os pés na água fresca. E Joshua deitou na areia e descansou.

Parecia ter se passado uma eternidade, desde o dia em que saíram de casa, seguindo o sonho do pastor de encontrar o novo caminho. A estrada longa e serpenteada os levara a muitas pessoas notáveis, cada uma delas apresentando uma nova mensagem.

O contador de histórias lembrou Joshua da força da persistência.

O alquimista disse que qualquer coisa é possível.

O cego alertou que as aparências podem enganar.

E o estranho deu a prova de que os lobos estão à espreita entre as ovelhas.

Depois de um tempo pensando nessas coisas, Joshua mergulhou em um sono profundo. Sonhou que estava em um lugar longínquo, em pé, em uma campina.

–Você voltou – disse o velho magrinho. – Mas desta vez você tem perguntas.

– Como sabe? – perguntou o pastor.

– Pela expressão em seu rosto. Você chegou à parte difícil.

– Sim – disse o pastor. – Eu encontrei o lobo.

– Eu sei – disse o velho –, e a ovelha foi ameaçada. Agora você está se perguntando se um bom homem pode matar um lobo para poupar uma ovelha.

– Muitos morrem em nome da honra – disse o pastor. – É assim que o mundo caminha.

–Verdade – disse o velho. – Mas você busca um novo caminho. Foi o que me disse.

O sol começava a nascer e filhotes de pombos em um ninho começavam a cantar uma canção matinal, saudando o novo dia com uma suave melodia.

O velho ergueu a cabeça e escutou.

– E se cada criança fosse ensinada, ainda no berço, a cantar canções de paz – questionou o velho. – Os cínicos não chamariam isso de tolice, dizendo que ser gentil é ser fraco? Mas eu lhe digo que, até que sejamos inocentes e puros como os pombos, nossa jornada será longa e o caminho, sombrio. Crie pombos, não lobos.

Joshua pensou se o ancião teria algo mais a dizer. Mas era isso. O sonho havia acabado.

Adentrando

Seguindo as instruções do cego, os viajantes atravessaram o litoral, rumo a oeste, passando pelas árvores. Agora estavam na entrada da caverna, uma abertura sinistra no meio das rochas. Enquanto olhavam para dentro daquela escuridão ameaçadora, gotas de suor brotavam na testa de Joshua.

– E se eu fracassar? – Joshua perguntou a Elizabeth. – E se me faltar a coragem e a força?

– Este é seu destino – Elizabeth disse a ele. – Seu sonho o trouxe até aqui.

O pastor podia sentir a força do amor de Elizabeth e a confiança que tinha nele. Estava agradecido por ela estar com ele neste momento. Ele se ajoelhou e fez uma prece em agradecimento. Mas assim que seus joelhos tocaram o chão, ouviu o menino gritar.

– Socorro, estou sendo estrangulado por uma serpente gigante!

Joshua saiu correndo, mas riu quando viu o apuro do menino. De alguma forma, David havia se emaranhado em um cipó, enquanto caminhava entre as árvores suntuosas. Joshua estudou a trepadeira e lhe ocorreu que algo tão longo e forte poderia ser útil. Se ele a prendesse na entrada da caverna e a amarrasse ao redor de si mesmo, seria mais fácil encontrar o caminho de saída da caverna.

Elizabeth mostrou a Joshua como os fios do cipó podiam ser trançados como os cabelos das damas da realeza, produzindo uma corda mais resistente. Usando os dedos finos, ela entremeava os fios, trabalhando rapidamente, para produzir uma corda longa e reforçada, com vários metros de comprimento. Joshua acreditava que, se ele a amarrasse ao redor da própria cintura e Elizabeth a prendesse no burrinho, do lado de fora da caverna, ele poderia percorrer o desconhecido com mais segurança.

Foi quando tiraram o mapa da bolsa do pastor e o abriram no chão, diante deles. Elizabeth compreendia inúmeras marcações e símbolos, pois seu avô fora cartógrafo amador.

E ela sabia que as marcações feitas em tinta vermelha eram as mais importantes.

– Esse X significa um recuo ou uma galeria cavada nos fundos da caverna, provavelmente um lugar onde garrafas e potes podem ser guardados em segurança – explicou ela, acrescentando que a prateleira era o local mais distante da abertura de entrada da caverna.

– Esse Z indica um buraco perigoso no chão, de onde pode brotar água, formando um córrego subterrâneo – disse ela, que esticou o braço para pegar a mão de Joshua. Seu rosto ficou sombrio de medo, ao pensar nele caindo no buraco cavernoso. Talvez este fosse o motivo pelo qual ninguém nunca saíra de lá: entraram na caverna escura, sem saber do buraco que podia levar a um abismo desconhecido.

A mente de Joshua estava acelerada. Primeiro, queria saber o tamanho da caverna. O piso era nivelado ou inclinado? Havia luz e ar? Outras saídas?

Também ficou imaginando que altura teria o teto – precisaria rastejar? O que faria se houvesse uma inundação e ele estivesse no interior da caverna?

Elizabeth leu a legenda e calculou que a caverna tivesse cerca de quinhentos passos, desde a entrada até o fundo. Não tinha como saber se havia ar lá dentro. Mas Joshua planejava levar uma tocha e usá-la tanto para testar a presença de ar quanto para iluminar seu caminho.

Ela achava que o buraco ficava no meio do caminho entre a entrada e o fundo da caverna. Mas não tinha como dizer se o piso era nivelado ou torto.

Joshua agradeceu. Agora sua maior preocupação era a possibilidade de inundação. Então, lembrou-se do cego abanando os braços. *Preste atenção aos pássaros*, dissera ele. *Eles lhe mostrarão a hora certa de entrar. Seja breve!*

O céu estava azul, sem nuvens, vazio. Joshua tentou ser paciente, observando o sol vespertino se deslocando em arco pelo céu. Então, sem qualquer aviso, uma revoada de pássaros surgiu no céu.

Havia chegado a hora. O momento estava à sua frente. Rezou pedindo forças para concluir sua tarefa.

A hora de agir

Elizabeth prendeu uma das pontas do cipó ao burrinho e sentou em uma pedra próxima, com a mão na corda. Joshua amarrou a outra ponta bem apertada em sua cintura. Depois, acendeu uma tocha da fogueira para levar consigo.

Antes de entrar na caverna, porém, ele precisava falar com Elizabeth. Seu afeto por ela havia crescido muito. As sementes de um amor vinham desabrochando a cada dia que se passava. Agora ele precisava saber se a afeição dela por ele também estava florescendo.

– Elizabeth – disse ele –, muitos entraram na caverna, mas nenhum saiu. Se eu sobreviver, gostaria de passar minha vida ao seu lado. Você aceita ser minha esposa? – perguntou Joshua.

Os olhos de Elizabeth se encheram de água.

– Por toda a eternidade – disse ela. E o beijou, sabendo que chegara a hora de agir.

Os dois, então, chamaram David e lhe contaram sobre o noivado. Ele pulou de alegria e depois assistiu ao pastor se aprontar para enfrentar seu desafio.

Joshua entrou na boca da caverna e seguiu em frente, mantendo uma das mãos na parede e a outra à frente, segurando a tocha. Assim que avançou alguns metros, um sopro de vento apagou a tocha. Agora estava confiante de que havia ar. Mas também caminhava na escuridão, como um cego adentrando um lugar proibido.

Conforme ela avançava, o chão começou a inclinar. Ele caminhava lentamente, contando seus passos, procurando o local onde estaria o buraco no chão da caverna. Quando já havia percorrido cerca de duzentos passos, sentiu, com a ponta da sandália, um declive no chão, moveu-se cuidadosamente ao redor do buraco. Se não fosse pelo mapa, acreditava que teria caído rumo à morte, como muitos, sem dúvida, já tinham feito.

A caverna era fresca e úmida, mas gotas de suor se formavam em sua testa. Ele seguia adiante, testando o cipó de vez em quando para se assegurar de que estava bem preso em sua cintura. Essa corda simples e trançada o prendia ao mundo. A habilidade manual de Elizabeth agora era sua linha de vida, a corda que o mantinha preso a tudo que conhecia e amava.

Mas quanto tempo ainda levaria até que chegasse à parede dos fundos? No infinito daquele lugar, parecia já ter passado uma eternidade. Será que acharia o que estava procurando? Suas esperanças e sonhos eram grandiosos. Mas não parecia haver realidade, apenas as paredes da caverna pelas quais seus dedos deslizavam.

Então – eureca! – lá estava. A cerca de um metro e vinte centímetros do chão, havia um recuo retangular na parede. Ele calculava que a abertura tivesse uns trinta centímetros de altura por um metro de largura, e tivesse sido meticulosamente feita por alguém que conhecesse a elevação do nível da água. Alguém com algo valioso a ser guardado.

Mas o buraco se estendia para além do alcance de seu braço. Seria preciso alguém menor – uma criança – para subir e explorá-lo na íntegra.

Em alguns minutos, estava novamente do lado de fora da caverna, a céu aberto. Ali, em pé, diante dele, estava David.

A aventura de um menininho

O tamanho do menino nunca fora problema. Mas agora Joshua o estudava.

David era pequeno e magrinho. Também era flexível, capaz de se encolher em uma bolinha pequena e compacta. Certamente poderia entrar no buraco da parede da caverna e pesquisar o que havia guardado lá dentro. Mas seria certo pedir que fizesse isso?

Quando Joshua explicou o apuro à Elizabeth, ela soube que David seria a única esperança. Mas será que o menino deveria ser exposto ao risco?

O rompimento do cipó ao redor de sua cintura não seria problema. Elizabeth iria trançá-lo, ela própria, e se asseguraria de que estivesse bem forte. A inundação da caverna parecia uma possibilidade maior. Mas Joshua estaria bem ali, com David, e eles sairiam rapidamente.

E quanto às cobras? Na caverna escura e úmida, uma delas poderia erguer a cabeça. Mas as víboras eram um perigo constante no mundo deles e nunca os detiveram.

– David – disse ela ao menino. Mas, antes que dissesse qualquer outra coisa, David falou como um homem, não como uma criança, declarando sua intenção de entrar na caverna com Joshua.

– E se a luz se apagar e nós tivermos de caminhar no escuro? – perguntou Joshua. – E se você ficar com medo antes de chegar à parede ou quando estiver dentro do buraco?

Mas o menino estava inflexível.

– Até agora, você fez tudo por mim, agora é minha vez de fazer por você.

Então, eles juntaram os cipós que seriam trançados, formando outra corda. Depois esperaram que os pássaros passassem voando no céu. Foi a espera mais longa da vida de Joshua.

Das profundezas, eu clamo por ti

— Olá-lá-lá-lá.

Isso não era assustador – era divertido. Ao menos David pensava assim, enquanto ouvia a própria voz ecoando pela caverna.

O cipó havia sido amarrado ao redor de sua cintura e ele estava andando ao lado de Joshua, conforme avançavam pelo vácuo escuro. Como ocorrera antes, um repentino sopro de vento apagou a tocha de Joshua e eles tiveram de andar na escuridão. Segurando a mão de David, a caminhada se tornava bem lenta. Mas Joshua não queria que David se soltasse e saísse correndo na frente.

À medida que seguiam adiante, Joshua contava os passos. Isso o ajudava a avaliar o progresso, evitar o abismo e avisar ao menino quanto ainda tinham a percorrer.

Mas a escuridão constante cansava o garoto.

– Falta muito? – ele perguntava.

Assim que pronunciou essas palavras, eles chegaram ao recuo na parede. Joshua explicou que ia erguê-lo ao alto. O menino seguiria o plano que eles haviam cuidadosamente ensaiado do lado de fora da caverna.

– Você está pronto? – o pastor perguntou, para dar confiança ao menino e também a si próprio.

O menino esticou as mãozinhas para tatear a área à sua frente, como Elizabeth lhe dissera para fazer. Então, Joshua verificou se a corda ao redor da cintura do garoto estava bem segura, o ergueu e tentou manter a mão nele, enquanto ele rastejava para dentro do buraco, como uma minhoca.

Quanto tempo demoraria? Joshua começou a suar copiosamente. Mas apenas um minuto se passara, quando David gritou:

– Achei alguma coisa. Tem um jarro aqui.

O coração do pastor disparou. Será que haviam conseguido?

Queria gritar de alegria, mas esperou que David saísse pelo espaço apertado. Lentamente, o menino abaixou os pés ao chão e entregou o jarro a Joshua. O pastor queria passar os dedos pelo vaso misterioso, mas colocou imediatamente dentro da bolsa.

– Precisamos nos apressar – disse o pastor. A água começava a entrar. Não havia tempo a perder.

Uma nova lei

Quando Elizabeth viu a água saindo da caverna, entrou em pânico.

– Joshua! David! – gritou ela para dentro da caverna. Mas não ouvia resposta alguma.

No interior, a água borbulhava do solo. Dentro de alguns minutos, já alcançava os joelhos de David. Joshua segurava o menino pelos ombros e tentava guiá-lo, como um cego conduzindo outro.

– Ai! – David gritou. – O que foi isso? – A sensação de uma picada em sua panturrilha direita se irradiava. Sua perna começou a ficar dormente, depois ficou paralisada.

Era impossível para Joshua saber o que estava acontecendo. Tateou pela escuridão, até que encontrou uma massa gelatinosa colada ao menino.

– Oooh! Ai! – gritou o menino, quando Joshua arrancou o monstro gelatinoso dele.

– Já estamos na metade do caminho – disse Joshua. – Já estamos quase do lado de fora. Continue andando.

Mas a água subia cada vez mais e o menino estava fraco. Sua perna dormente agora precisava ser arrastada, inútil. Joshua sabia que estavam perigosamente próximos ao buraco e que poderiam ser varridos pela torrente de água. Tentou erguer o garoto, mas, quando esticou os braços para pegá-lo, a água veio com força e puxou o menino para baixo.

– Socorro! Socorro! – gritava o menino.

Pela primeira vez, Joshua sentiu necessidade de buscar toda a sua força, aquela fonte interior que o movia. Lembrou-se das palavras do contador de histórias:

Traga à tona aquilo que há em você, pois isso é o que o salvará.

– David! – ele ordenou. – Lembre-se de Elizabeth! Precisamos voltar até ela.

De repente, recobrando os sentidos, David lutou para manter o nariz fora d'água.

– Aguente firme, David – disse o pastor. Agarrou o menino, que inclinava a cabeça para trás para puxar o ar, e seguiu contra a maré que subia. Agora havia cobras se amontoando furiosamente em todas as direções. Elas rastejavam ao redor do menino e se contorciam em um bloco maciço.

Então, subitamente, o menino sentiu um puxão na corda de sua cintura. Do lado de fora da caverna, Elizabeth dera um tapa no burrinho para fazê-lo andar. O animal estava arrastando o menino pela água, como um barquinho sendo rebocado. Joshua finalmente conseguiu segurá-lo, jogando o menino por cima dos ombros e ao redor do pescoço, como se faz com um novilho recém-nascido. Joshua seguiu a corda vital providenciada por Elizabeth até chegar à luz e aos braços dela.

A fábula do peixe

David tentou ser corajoso. Tentou não chorar. Mas quando Elizabeth olhou sua perna, caiu em prantos. Estava dormente e coberta de urticárias. Ele estava exausto e não conseguia falar.

Joshua foi pegar uma roupa seca para o menino, enquanto Elizabeth lavava sua perna. Estava vermelha e inchada e a dormência se espalhava para os quadris. Será que ele recuperaria a sensibilidade da perna? Será que voltaria a andar? Esse mal era desconhecido. Elizabeth estava começando a se desesperar. Enxugou as lágrimas do menino.

Subitamente, ela se lembrou do saquinho que o alquimista lhe dera.

– O elixir – disse ela, olhando nos olhos de David. – Vamos tentar?

O menino concordou e Elizabeth abriu o saquinho e deu a ele um chá especial para beber. Joshua voltou e fez uma prece com Elizabeth pela recuperação do menino.

Mas apenas alguns minutos depois, o menino começou a mexer os dedos dos pés e a dobrar o joelho. Não havia como saber quanto tempo levaria para perceberem algum sinal de melhora.

– Eu consigo levantar – disse ele, alegremente, ficando de pé. Elizabeth o beijou e Joshua suspirou aliviado.

– Isso é realmente fantástico – disse Elizabeth, triunfante.

– Tudo é possível – disse o menino. Depois, afagou o burrinho e deu-lhe um beijo no focinho, pela ajuda em seu salvamento. Ele relinchou e trotou em círculos.

Agora todos estavam curiosos em relação ao jarro. O pastor o colocara ao lado da entrada da caverna, a alguns metros de onde estavam. Foi até lá e pegou o vaso.

Era uma moringa de barro, de cor marrom avermelhada, estreita no pescoço, de corpo bojudo.

Tinha cerca de trinta centímetros de altura e metade disso de largura. Estava firmemente lacrada com algo que parecia uma rolha de cera de abelha. Havia um símbolo e algo escrito na cera. Mas Joshua não compreendia as palavras.

– Deixe-me ver – disse Elizabeth. Enquanto esteve na corte, aprendera muitas coisas, inclusive a identificar os selos e timbres de comerciantes e de grupos esotéricos, que marcavam seus bens com símbolos distintos.

Ela inspecionou o jarro, analisando o lacre e depois gritou...

A Lei da Substituição

– E tem o símbolo de um peixe.

– Por que um peixe? – perguntou David. Joshua pensou na mesma coisa.

– Na corte, eu aprendi que o peixe é associado a uma ordem monástica que irritava as autoridades – disse Elizabeth. – A imagem do peixe fazia com que as pessoas soubessem quem estava emitindo a mensagem.

O pastor estava ouvindo, mas também estava se coçando para abrir o jarro. Elizabeth podia ver a chama ardendo em seus olhos.

– E agora? – perguntou ela.

Joshua pegou uma pedra e usou a borda afiada para remover a cera. Depois, cuidadosamente, arrancou o tampão da boca do jarro e espiou lá dentro, onde pôde ver um pergaminho enrolado. Pediu a Elizabeth que usasse seus dedos finos para tirar o documento.

Ele tinha cerca de doze centímetros de largura e vinte de comprimento. Ela o colocou cuidadosamente sobre uma pedra lisa e seca. As bordas do pergaminho estavam rasgadas, mas seu estado geral estava bem preservado e era fácil de ler.

Fazei-me instrumento de vossa paz.
Onde houver ódio, que eu leve o amor.
Onde houver ofensa, que eu leve o perdão.
Onde houver discórdia, que eu leve a união.
Onde houver dúvida, que eu leve a fé.
Onde houver erro, que eu leve a verdade.
Onde houver desespero, que eu leve a esperança.

Onde houver tristeza, que eu leve a alegria.
Onde houver trevas, que eu leve a luz.
Pois é dando que se recebe,
é perdoando que se é perdoado,
e é morrendo que se nasce para a vida eterna.
Pois essa é a Lei da Substituição.

Os monges misteriosos

Transformar medo em amor. Substituir o desespero, o ódio e a mágoa por emoções mais suaves, mais doces. Fazer nascer um mundo novo e glorioso por meio de atos simples que substituam o que está faltando por aquilo que é necessário.

Então, ali estava – o novo caminho – captado numa prece que era tão poética quanto profunda. Abandonando o antigo código de olho por olho, de lutar com fogo contra fogo, de dar aos inimigos o gosto de seu próprio remédio, a oração falava de ser instrumento da paz por meio de atos de bondade, gentileza, piedade e generosidade.

Conforme Joshua refletia sobre a prece, uma luz imensa encheu o céu, acima de sua cabeça, e um arco-íris surgiu. Perdendo-se em suas cores gloriosas, o pastor viu sua vida inteira passando diante de si, voltando até a época de sua infância, no celeiro. Como não vira? A Lei da Substituição sempre estivera atuante em sua vida, enriquecendo-o, tornando-o completo.

Onde havia dúvidas de que a ovelha mirrada viveria, ele depositou a fé em um desfecho melhor.

Onde as mulheres sofriam nos partos das crianças, sua mãe e sua avó levavam alívio.

Onde as brigas e a guerra dividiam os vizinhos, o rei foi piedoso, recusando-se a confundir gentileza com fraqueza.

Agora estava mais claro do que nunca que o amor era o novo caminho e que os atos contínuos de compaixão poderiam transformar o mundo, desmantelando o código de revide, há muito existente, anunciando a era dos milagres que o avô de Elizabeth previra em seu leito de morte.

Em um lampejo, Joshua enxergou a compaixão, não como uma recompensa aos "dignos" ou aos "merecedores", mas como uma salvação para as almas de todos os necessitados. Dar a todos. Dar sem julgamento. Dar sem expectativas de recompensa. Incondicionalmente. *Compaixão destemida! Compaixão despreocupada! Compaixão inexorável! Ofertada incessantemente. Até que não restasse mais necessidade.*

De várias formas, pensou Joshua, a vida de Elizabeth era um exemplo brilhante desses princípios. Sempre um modelo, jamais uma crítica, ela demonstrara o significado da bondade ao acolher David, quando ele fora rejeitado – perdoando o pai que ferira o menino, cultivando o amor onde havia sido plantada a malícia, plantando a esperança onde as sementes do desespero poderiam estar criando raízes, lançando luz nos recônditos escuros de sua alma vulnerável.

E quando Joshua estava desanimado, Elizabeth e David dançaram e tocaram uma música para ele, colocando alegria no lugar de sua tristeza. Eles nutriram sua alma com amizade e amor, tornando-o pleno, de forma bem parecida à da família de fazendeiros em relação ao cego que pescaram do córrego ainda bebê.

Agora estava tudo muito claro para Joshua. A Lei da Substituição era a Lei Maior que trouxera a vitalidade, o significado, o propósito a cada um de seus momentos de despertar. Ela fizera com que se sentisse amado e parte da grande colcha de retalhos da vida.

Mas Joshua estava intrigado. Por que a Lei da Substituição estivera escondida nos cantos ocultos de uma caverna perigosa?

Com o avô, Elizabeth aprendera a estranha história dos monges, cujo lacre estava marcado na boca do jarro. Os monges eram de uma seita de pensadores livres e místicos, segundo dissera o avô de Elizabeth. Durante muitos anos, ninguém prestara muita atenção a eles. Viviam à margem do Grande Mar Interior, em um vilarejo pesqueiro que tinha pouco contato com o mundo externo.

Mas, em um instante, tudo mudou. Enquanto remavam por uma região pantanosa do mar de junco, os monges descobriram que a planta do papiro brotava com fartura. Ao juntarem grandes quantidades dele, os monges se tornaram escribas prolíficos. Suas ideias logo estavam navegando pelo mundo, levadas por comerciantes e viajantes com quem os monges faziam contato.

As autoridades, que um dia ignoraram os monges, passaram a notá-los. Observavam enquanto o enclave, antes silencioso, passou a atrair uma gama constante de peregrinos que davam relatos estarrecedores sobre o que testemunhavam. Disseram que um monge acalmara o mar revolto e caminhara sobre as águas. Disseram que um monge curara um cego. Outro teria alimentado uma imensa multidão com um punhado de peixes e alguns pães.

Ao expedirem um documento intitulado "A destruição e derrocada do falsamente chamado conhecimento", as autoridades proibiram os monges de elaborar novos textos e de realizar assembleias públicas.

– O que as autoridades temiam? – perguntou Joshua.

– Qualquer verdade, exceto a deles – disse Elizabeth.

– E os monges – disse Joshua –, em que acreditavam?

– Que o ódio gerava ódio – disse Elizabeth. – Eles falavam de perdão, amor, cura.

– O que aconteceu com eles? – perguntou Joshua.

– Antes de serem tirados de seu lar junto ao mar, esconderam seus pergaminhos em cavernas e lançaram alguns à deriva – disse Elizabeth. – Depois, misteriosamente, os monges desapareceram, e nunca mais se ouviu falar deles.

– E seu avô – disse Joshua –, onde ele descobriu essas coisas?

– Na corte – disse Elizabeth. – Quando minha avó trabalhava como serviçal, meu avô trabalhava na sala do trono e entreouviu os altos sacerdotes falando sobre a caverna.

– Havia alguma conversa sobre a Lei da Substituição? – perguntou Joshua.

– Não sobre a Lei – disse Elizabeth –, mas sobre "o Tal". Os monges pregavam que "o Tal" faria a diferença.

– "O Tal"? – perguntou o pastor. A confusão estava estampada em seu rosto. Havia tanta coisa a assimilar. Precisava de tempo para refletir.

Mas a noite começava a cair. Depois de um dia longo e angustiante, todos estavam cansados.

Elizabeth colocou David para dormir e disse boa-noite. Então, ao crepúsculo, Joshua prometeu que manteria seu coração leve como uma pena. E todos fecharam os olhos depois daquele dia tão extraordinário.

Invertendo a balança

O pastor dormiu. Sonhou que estava em um lugar longínquo, com vastos campos, pastagens verdejantes e bancos de areia. O velho magrinho estava em seu local habitual, sentado em seu baú de madeira.

– Você voltou – disse o ancião. – E está imaginando de que forma a mudança pode ocorrer. Ou se é possível passar do antigo caminho para o novo.

– Como soube? – perguntou o pastor.

– Pela expressão em seu rosto.

O velho pegou a balança e colocou uma pedra pesada em um dos lados. Isso fez com que o prato do lado oposto voasse no ar.

– Como posso compensar essa pedra? – perguntou o velho. – Ela é tão pesada.

Mas o ancião começou a trabalhar, pegando areia no chão para colocar em cima do prato vazio da balança. No começo, nada aconteceu. Mas ele continuou acumulando a areia, até fazer um monte. Lentamente, a pedra começou a subir.

– Está vendo? – perguntou o ancião. – Alguns resultados levam tempo. A mudança vem aos pouquinhos. Mas você tem de manter sua visão. E lembrar da força da união. Um único grão de areia pode inverter a balança.

– Sim – disse Joshua. – Eu compreendo.

Conhecendo "o Tal"

Os resultados levam tempo. Mantenha a visão. Lembre-se da força da união.

As palavras do sonho ainda revolviam na cabeça de Joshua quando ele acordou e viu Elizabeth e David na beirada da água, cavando areia, tentando construir uma torre.

– A areia desliza rapidamente por entre os dedos – disse Joshua, conforme se aproximou. – Sozinho, cada grão parece leve e insignificante. No entanto, um bolo pode fazer a diferença. Eu sonhei com isso.

– Joshua, você me intriga – disse Elizabeth. – Conte-nos o que sabe.

Joshua descreveu a pedra pesando no prato da balança.

– Se nós continuarmos a juntar a areia – explicou ele –, um grão pode fazer a diferença.

– Qual deles? – perguntou David, inocentemente. A areia caía como poeira mágica entre seus dedos, enquanto falava.

– Qualquer um pode ser o Tal – respondeu Joshua.

– *O Tal?* – repetiu David.

E, então, ficou claro. A questão não era esperar por uma pessoa em especial que chegaria e faria a diferença. Todos tinham um papel a exercer. Cada boa ação era um pequeno milagre. Todas elas se somavam. Todas faziam parte da grande união de forças que poderia pesar na balança e erguer a pedra. As pessoas de todos os lugares precisavam acreditar e agir.

E se uma pessoa agisse, um coração endurecido poderia amolecer, mostrando um exemplo brilhante do que era possível. E pelo poder do exemplo, a mudança viria!

Mensagem na garrafa

Casa. Eles já estavam longe de casa fazia tanto tempo que o lugar se tornara uma ideia, uma lembrança distante, uma abstração agradável. Agora, finalmente, estavam voltando para as coisas que conheciam e amavam, e todos estavam em êxtase.

–Vou encher um pote de figos deliciosos – disse David – e comer até não aguentar mais.

–Vou ficar deitado na minha campina predileta, sob as estrelas – comentou Joshua – e dormir até que as vacas voltem para casa.

– Vou sentar-me à mesa, junto com minhas amigas mais queridas – disse Elizabeth – e conversar até perder o fôlego.

Mas, primeiro, havia algo muito importante a ser feito. Pela manhã, antes de partirem, David colheu um buquê de flores do campo, e Elizabeth e Joshua foram até um juiz, no vilarejo pesqueiro próximo, para o casamento. Depois da cerimônia, testemunhada pelas ovelhas e pelo burrinho, todos foram nadar no Grande Mar Interior, para se aprontarem para a longa caminhada de volta para casa.

No caminho, encontraram todos: o cego, o alquimista, o contador de histórias. O cego lembrou a David de manter os olhos abertos. O alquimista disse a Elizabeth que seguisse seu coração. E o contador de histórias disse a Joshua para escrever um novo capítulo, já que todo final é um novo começo.

Ao se aproximarem de casa, também encontraram o escriba, que estava sentado no mercado, copiando documentos. Ao ouvir a fábula sobre a aventura de Joshua, o escriba prometeu fazer cópias da Lei da Substituição e espalhar a prece por toda parte.

– E quando você for mais velho – o escriba disse a David –, volte e registre *O livro do pastor* junto comigo.

O menino sorriu e disse que viria.

Os viajantes, então, seguiram para a casa onde o avô de Elizabeth havia morado. O lugar estava coberto de ervas daninhas e precisava de reparos. Mas Joshua viu o potencial para uma pequena fazenda. Elizabeth concordou, pensando em usar a próxima fase de sua vida para ser uma dona de casa. Quanto a David, ele agora estava ansioso para aprender os ofícios de um escriba, para ler e escrever.

– Olhe! – exclamou David.

Eles entraram no quarto onde o avô de Elizabeth morrera e lá estava, na parede – o desenho de um peixe. Será que sempre estivera ali? Se positivo, Elizabeth certamente teria notado, não? Mas lá estava, um simples desenho em preto e branco, com o mesmo símbolo marcado no gargalo do jarro que continha a Lei da Substituição. Alguém o colocara acima da cama do avô de Elizabeth.

Joshua pegou a ilustração e descobriu um buraco na parede, atrás dela. Elizabeth colocou a mão lá dentro e tirou uma garrafa. Era feita de vidro azul e reluzia sob a luz do dia.

– Devemos abri-la? – perguntou Joshua.

– O vovô ia querer que abríssemos – disse Elizabeth. Então, tirou o lacre de cera do gargalo da garrafa e usou os dedos longos para remover o pergaminho firmemente enrolado que havia lá dentro.

Joshua e David se aproximaram de Elizabeth, enquanto ela desenrolava o papel. Talvez tivesse sido escrito por um dos monges que depois lançaram a garrafa à deriva.

Talvez o avô de Elizabeth tivesse pego a garrafa no mar e escondido, sabendo que as autoridades iam preferir que fosse destruída.

Tudo isso era especulação. Talvez nunca descobrissem.

Mas agora estavam ansiosos para ouvir a mensagem. Elizabeth leu em voz alta:

"Não amaldiçoe a escuridão, mas traga a luz.
Pois Deus enviou ajuda. Deus enviou você."

Joshua ajudou Elizabeth a colocar o pergaminho na parede da casa, onde todos pudessem vê-lo. E, com David, começou a transformar o velho lugar.

A prece

Fazei-me instrumento de vossa paz.
Onde houver ódio, que eu leve o amor.
Onde houver ofensa, que eu leve o perdão.
Onde houver discórdia, que eu leve a união.
Onde houver dúvida, que eu leve a fé.
Onde houver erro, que eu leve a verdade.
Onde houver desespero, que eu leve a esperança.
Onde houver tristeza, que eu leve a alegria.
Onde houver trevas, que eu leve a luz.
Pois é dando que se recebe,
é perdoando que se é perdoado,
e é morrendo que se nasce para a vida eterna.
Pois essa é a Lei da Substituição.

Epílogo

A Lei da Substituição é muito conhecida hoje como "A Prece Simples", "A Prece da Paz", e "A Oração de São Francisco", em honra do monge medieval que foi defensor dos pobres, amigo dos animais e um grande modelo de compaixão. Os versos da prece também foram transformados no hino popular "Fazei-me Instrumento de Vossa Paz", amado por milhões de pessoas.

Mas o poder explosivo e miraculoso da prece ainda está por ser descoberto. Essa força será sentida quando um número suficiente de nós se comprometer com a mudança que desejamos ver no mundo. Não fale sobre a mudança. Faça com que ela aconteça. Nenhuma outra pessoa pode fazer a diferença que você pode.

Fontes

A autora é grata às seguintes pessoas e fontes:

Os evangelhos gnósticos, de Elaine Pagels, que menciona "A destruição e derrocada do falsamente chamado conhecimento", e cita "Se você trouxe à tona aquilo que há em você, isso é o que irá salvá-lo". Ambas foram adaptadas para os objetivos da autora.

Dr. James Gray, que convida a todos a "falarem a verdade com amor e a amar a verdade, dizendo coisas fortes com gentileza e coisas suaves, com firmeza".

Miriam Lukken, que me chamou a atenção para as palavras "eu enviei ajuda, enviei você". Elas foram adaptadas aqui, para os objetivos da autora.

Gregory K. Jones, autor de *Play the Ball Where the Monkey Drops It: Why We Suffer and How We Can Hope.*

James Redfield, autor de *A profecia celestina*, por chamar minha atenção para a importância de alcançar a "massa crítica" e "manter a visão" para que a mudança aconteça.

Dan Millman, pela expressão "um guerreiro da paz".

M. Scott Peck, pela expressão "Propagadores da Mentira", que foi adaptada aqui, para os objetivos da autora.

The Robert Wood Johnson Foundation, por me fazer conhecer a frase "generosidade destemida".

Ruth Beebe Hill, por me fazer conhecer a expressão "espiritualidade habitual contínua", da prática dos americanos nativos.

Joseph Conrad, por seu prefácio de "The Nigger of the Narcissus", no qual ele escreve "... aquele lampejo de verdade do qual você esqueceu de perguntar".

A bússola de ouro, de Philip Pullman, por ressaltar a ideia de que os poderes em vigor frequentemente temem "qualquer verdade que não seja a sua própria", uma ideia adaptada aqui, para os objetivos da autora.

A menina e o porquinho, de E. B. White, por enfatizar o valor da cria mirrada, uma ideia adaptada para os objetivos da autora.

Agradecimentos

As falhas neste livro são somente minhas, mas muita gente merece agradecimento pela ajuda, pelo apoio e pelo amor que me ofereceram, ao longo do caminho.

Primeiro, a Bob Miller, sem o qual este livro não existiria. Quando *O livro do pastor* ainda era um vislumbre aos olhos da autora, Bob o viu, concebeu o que ele poderia ser – seria – e compartilhou sua visão de possibilidades. Obrigada, Bob, por sua amizade e por encontrar um lugar para mim no HarperStudio, onde você está criando uma nova cultura estimulante de parceria.

Aos meus amigos, Cathi e Ron Shapiro, obrigada pela fé e bondade. A David Black e sua equipe maravilhosa da David Black Agency, obrigada pela orientação e paciência. Às pessoas extraordinárias que trabalham na HarperStudio – Debbie Stier, Sarah Burningham, Julia Cheiffetz, Katie Salisbury e a estagiária Martha Batalha – e na HarperCollins – Kim Lewis, Lorie Young, Juliette Shapland, Brenda Segal, Eric Butler, Leah Carlson-Stanisic, Nikki Cutler, Doug Jones e Mary Schuck – fico feliz por estar entre vocês. Meus agradecimentos especiais a Suzanne Stradley, por sua sensibilidade na edição de copidesque.

E ao meu vizinho Dean Ordway, que tem uma placa que diz "... não conte carneirinhos, fale com o pastor", agradeço por sua bondade.

Quanto às pessoas que convivem comigo todos os dias, de todas as formas, a quem devo tudo, eu agradeço ao meu marido, Kenny, que sempre foi meu parceiro e amigo, que sempre levantou meu astral e me amou, incentivando, quando havia dúvida e desespero, eu agradeço. Quando eu não sei muito, sei a quem perguntar.

À minha mãe, Anna, que é um protótipo do amor. E à tia Pearl, que cuida de mim.

E, finalmente, aos meus filhos, Jenny e Colin, que sempre me deram o "lampejo da verdade", do qual eu esqueci de perguntar. Para vocês dois, eu não tenho palavras para expressar meu amor e gratidão. Só a batida constante do meu coração.

Este livro foi impresso na Editora JPA Ltda.,
Av. Brasil, 10.600 – Rio de Janeiro – RJ,
para a Editora Rocco Ltda.